Les éditions Crayonas

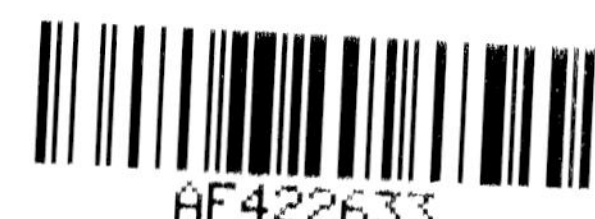

Cahier de coloriage

DE MOTOS

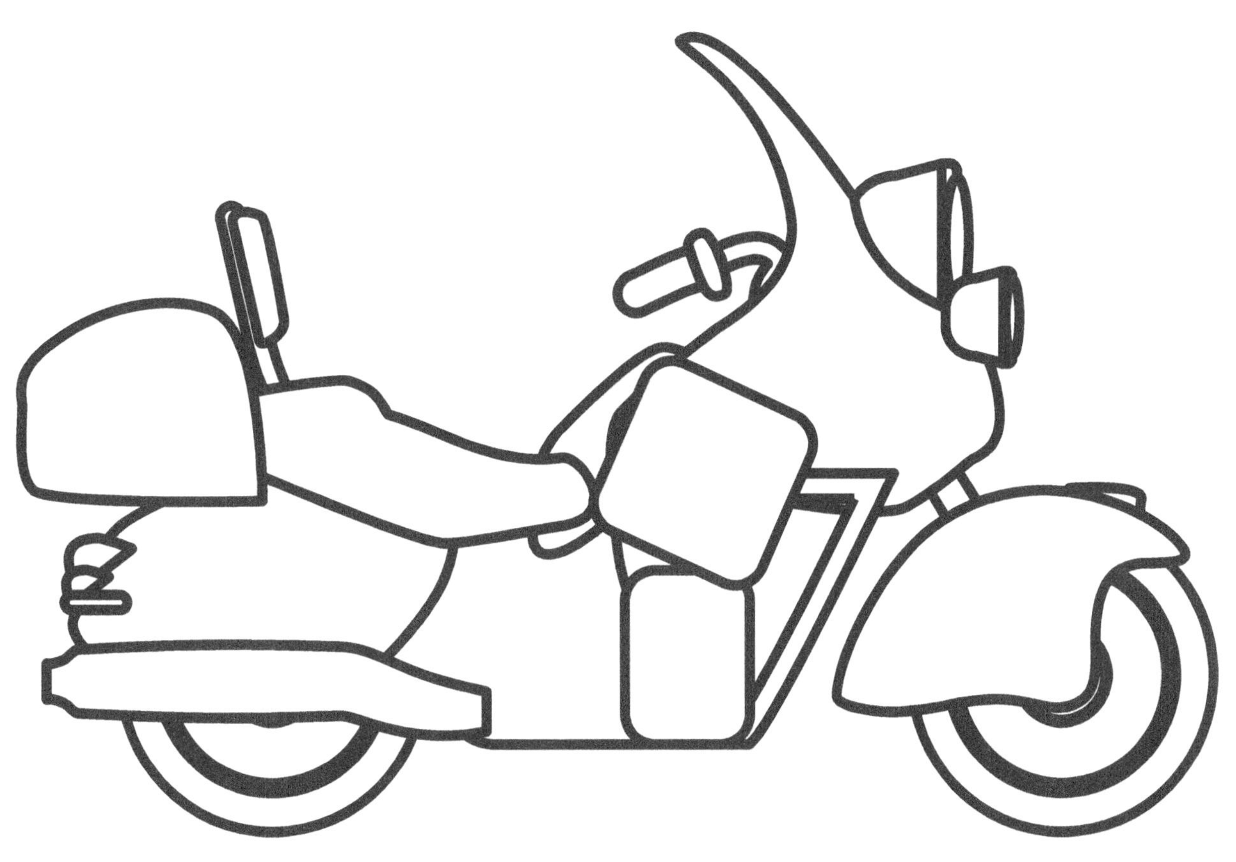

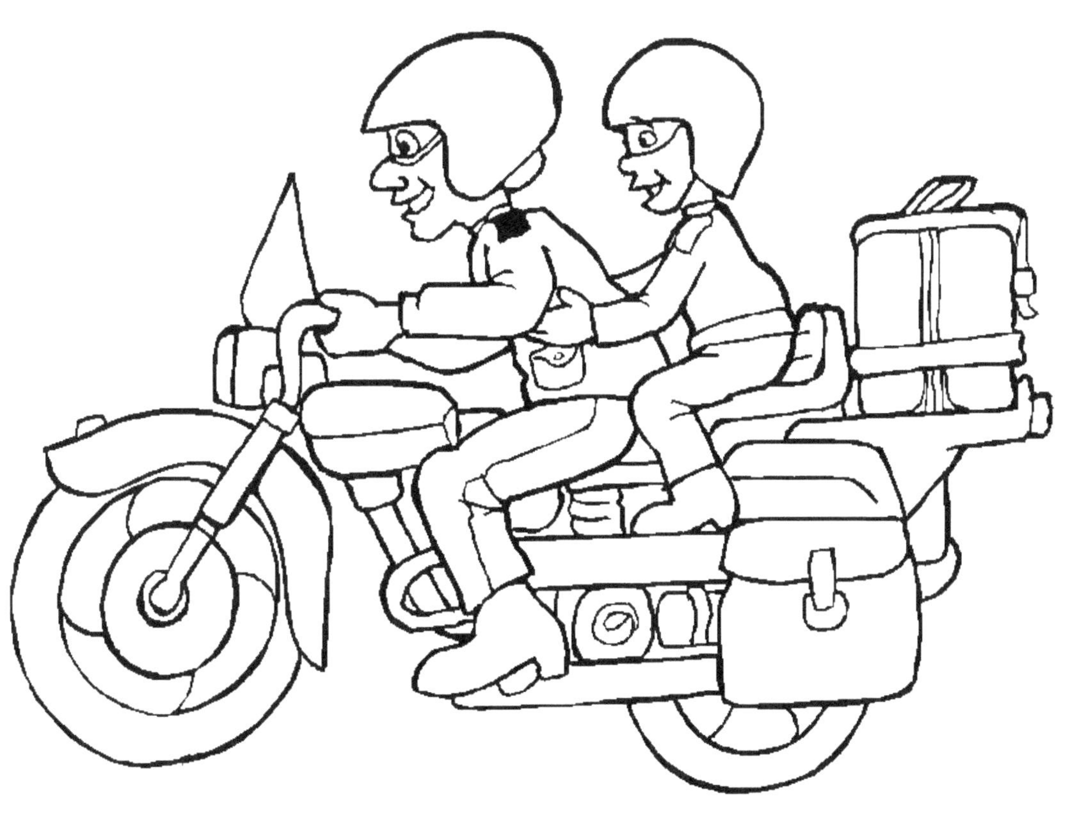

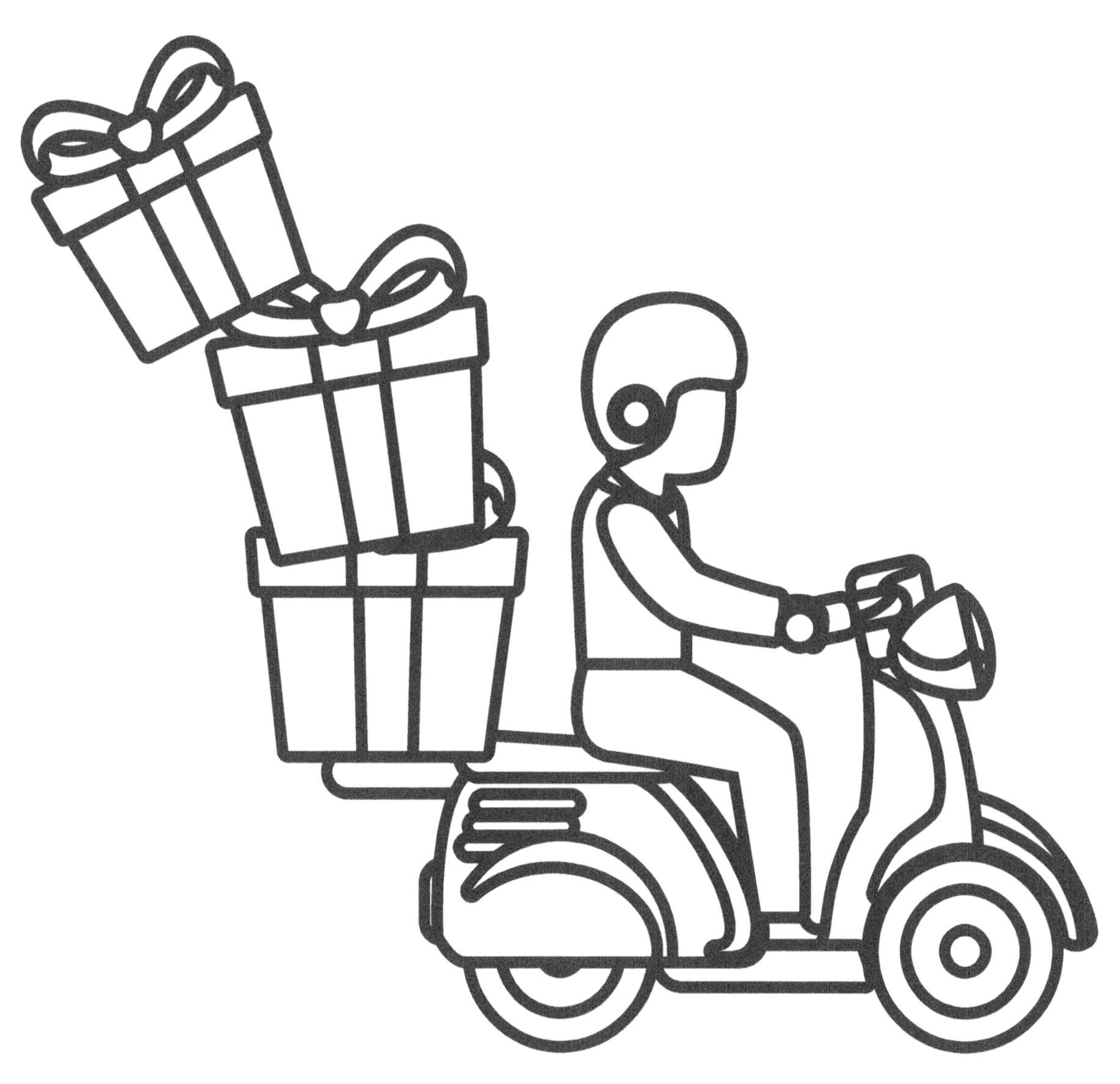

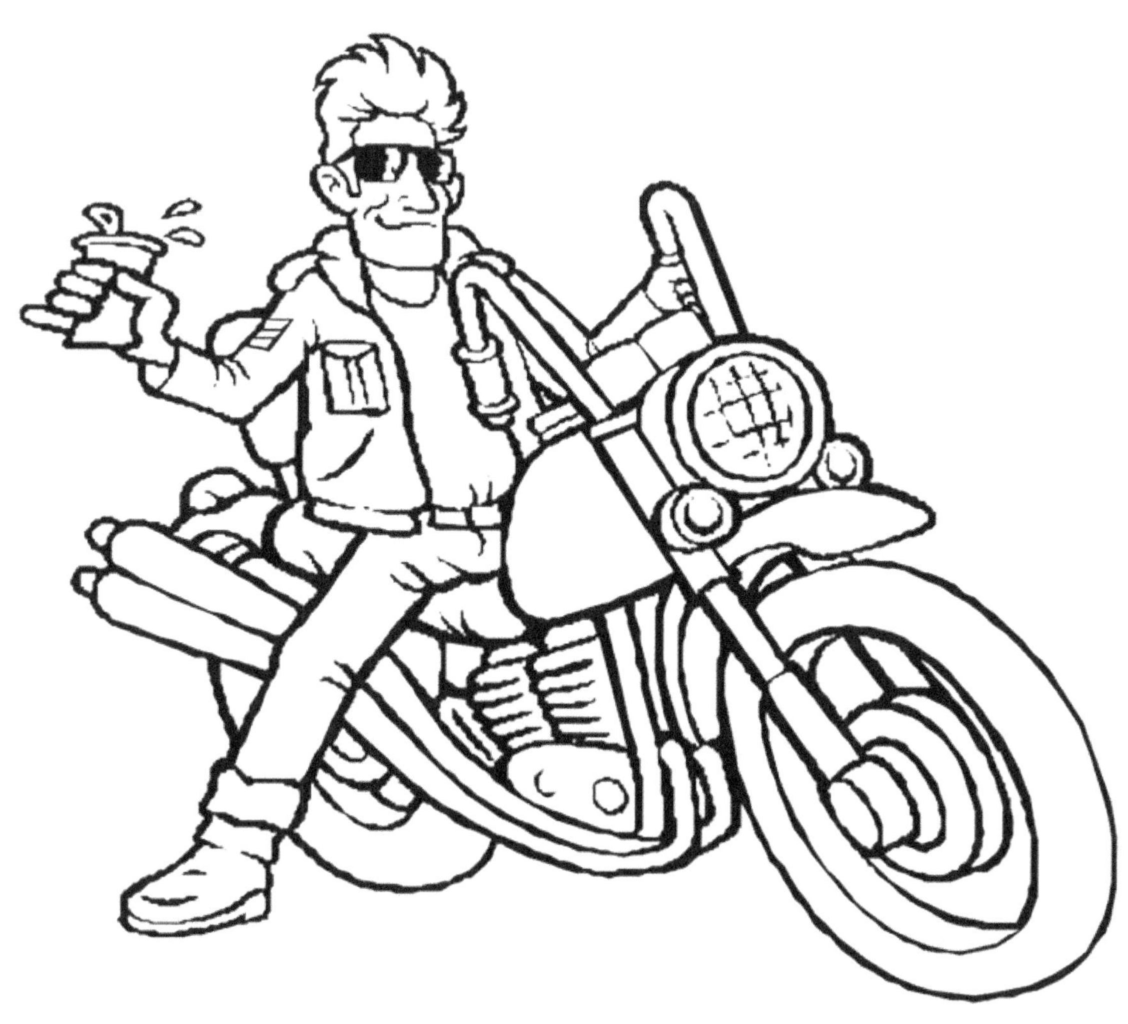

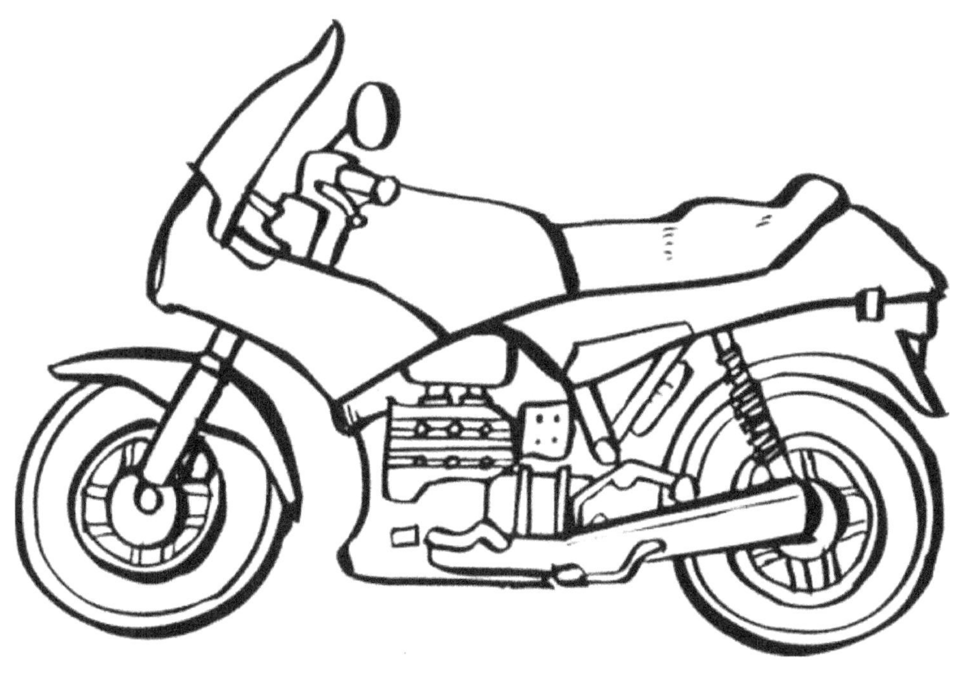

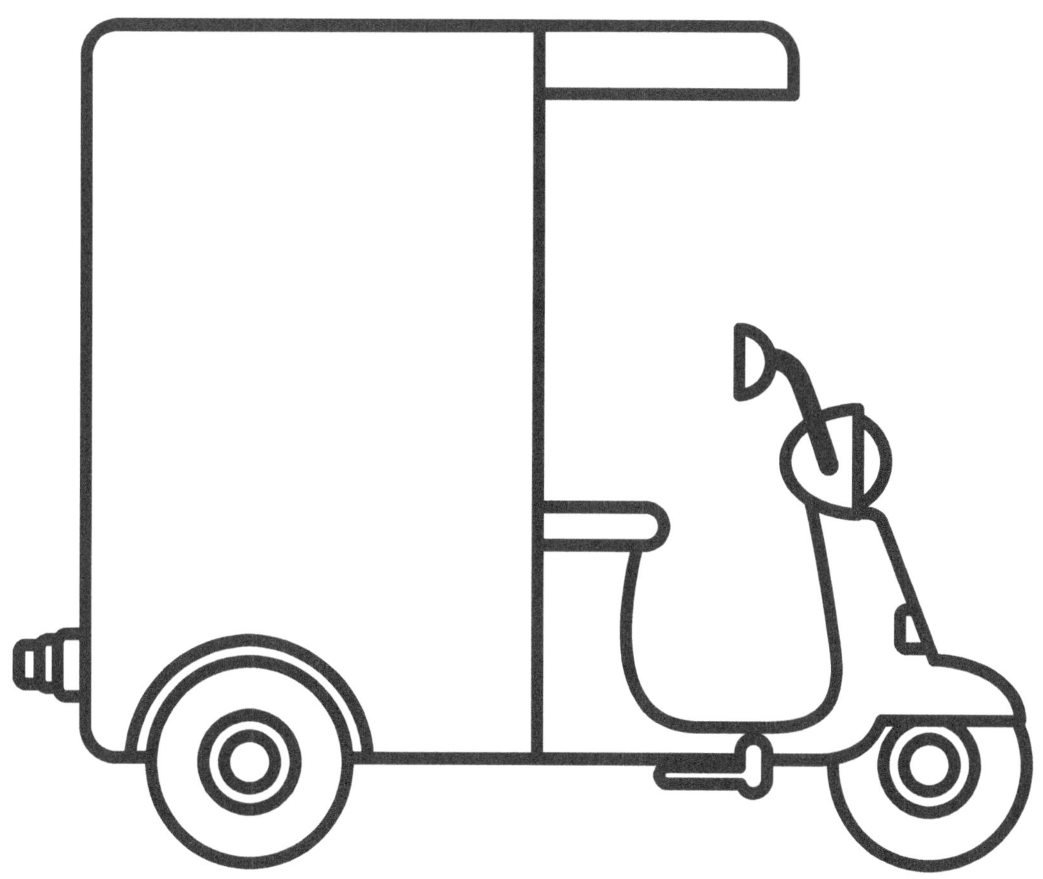

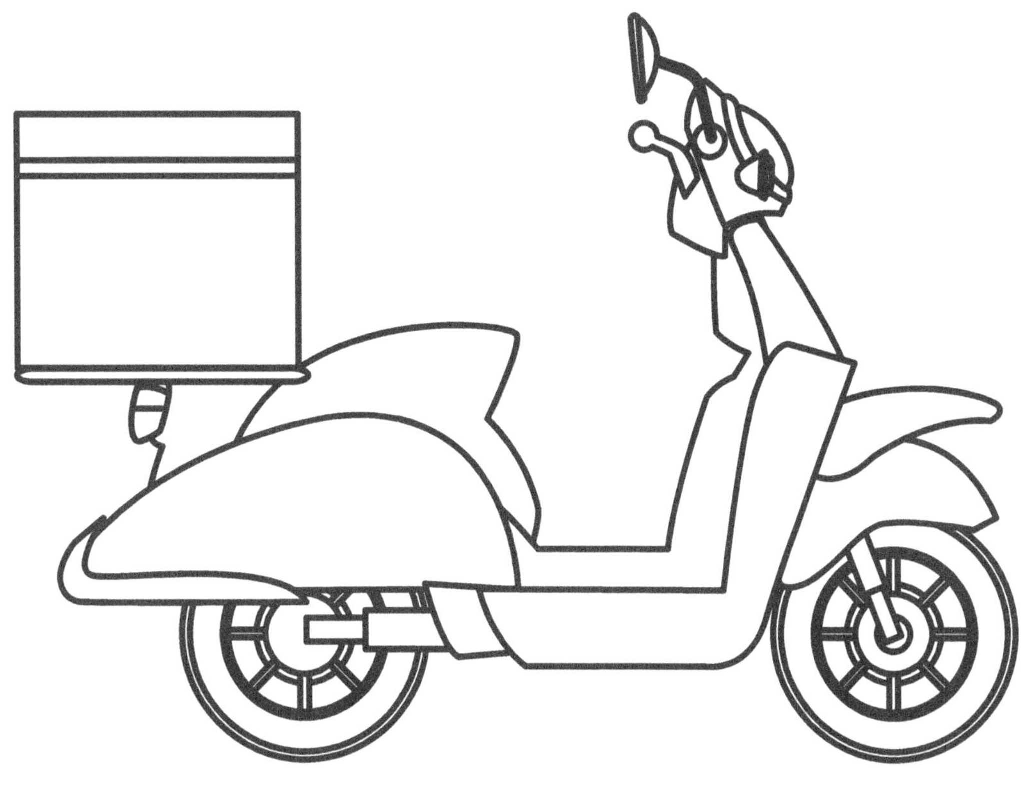

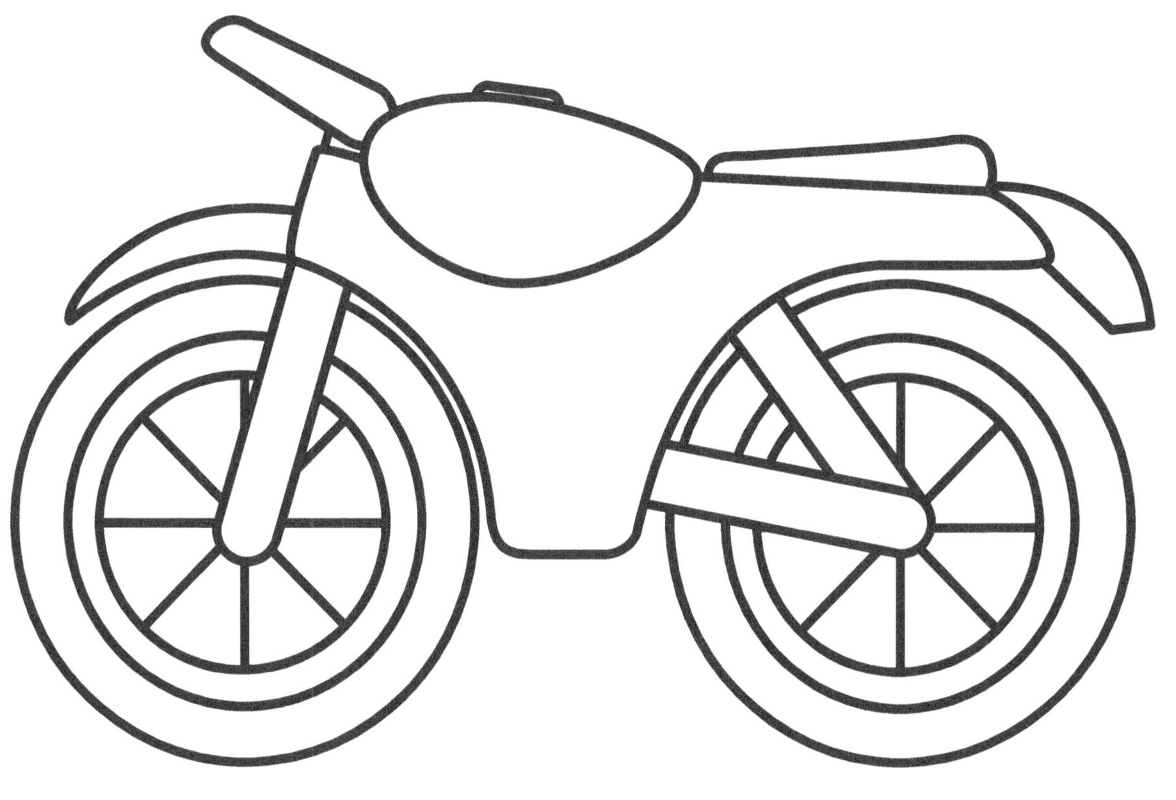

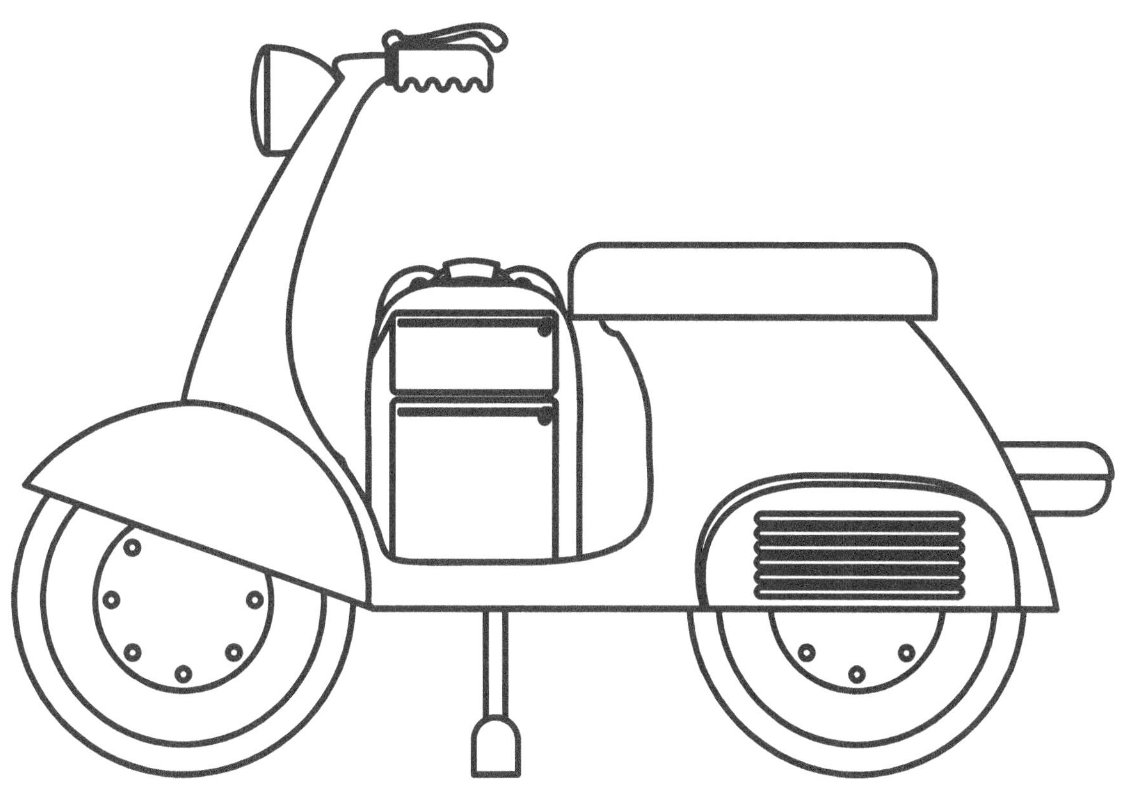

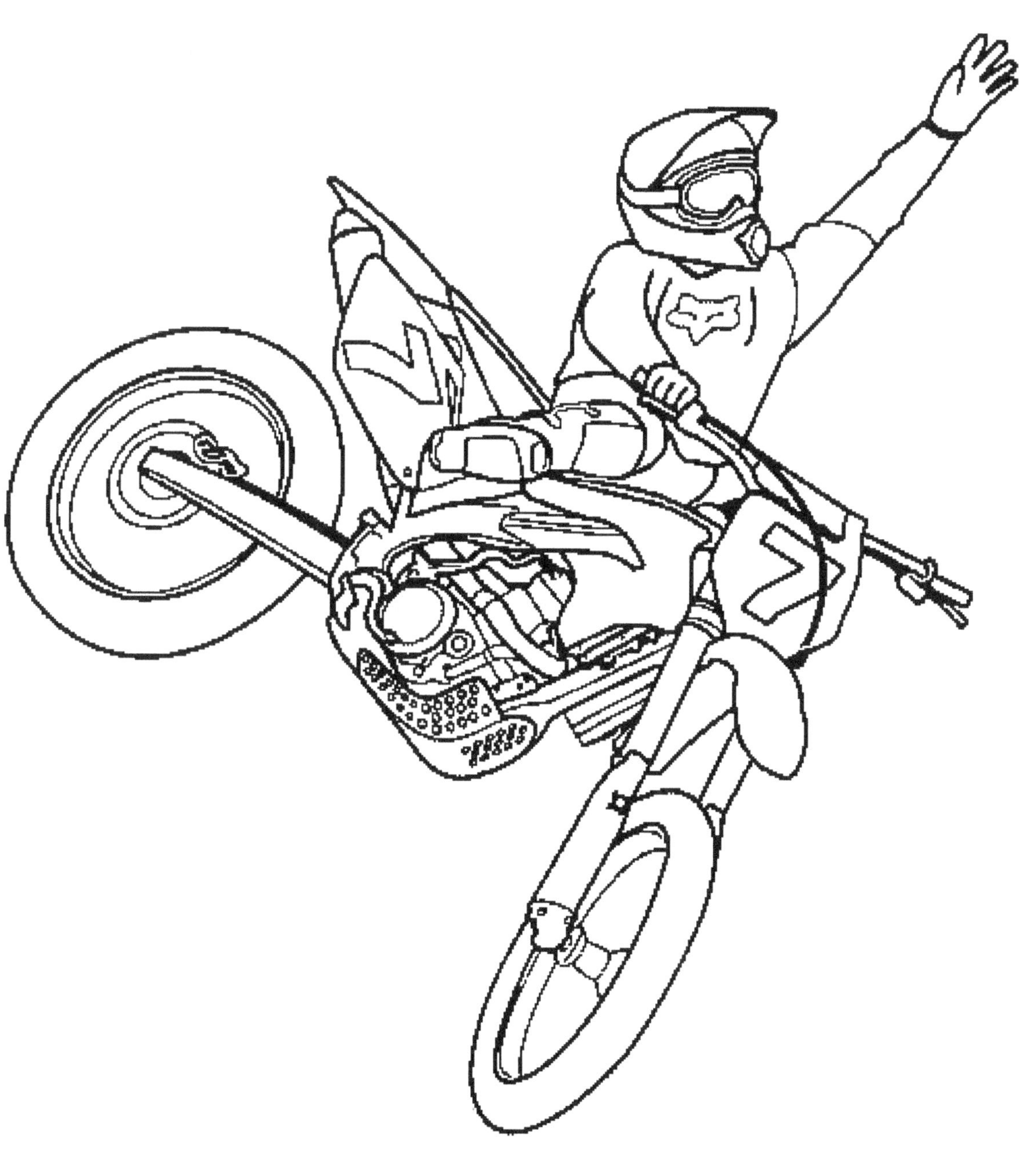

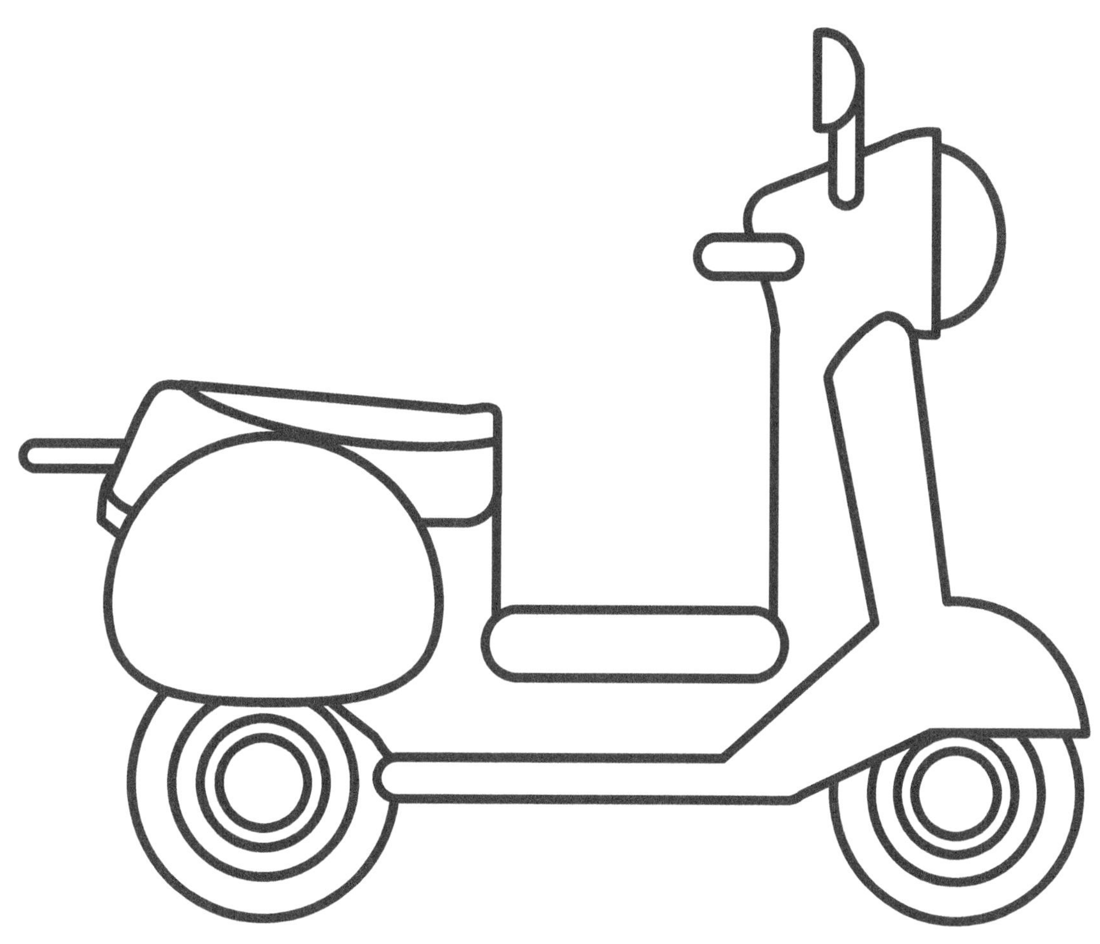

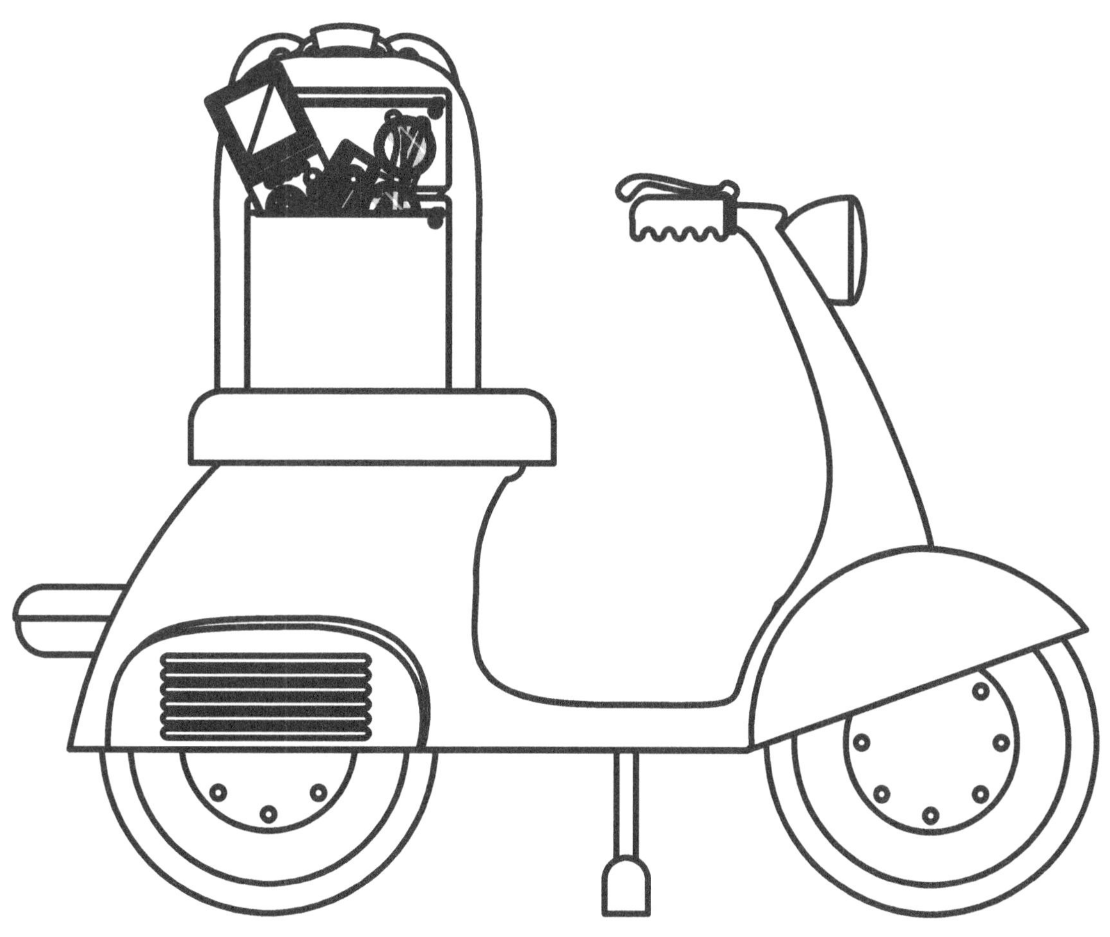

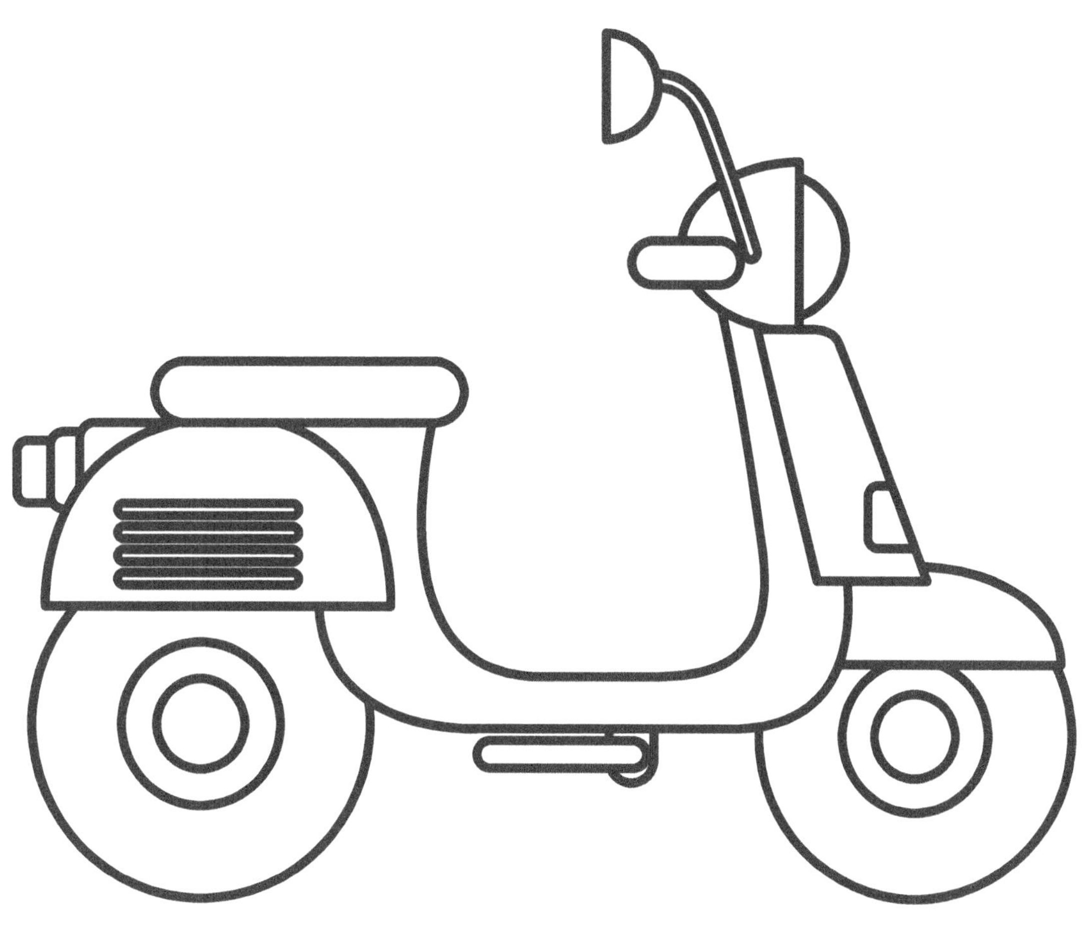

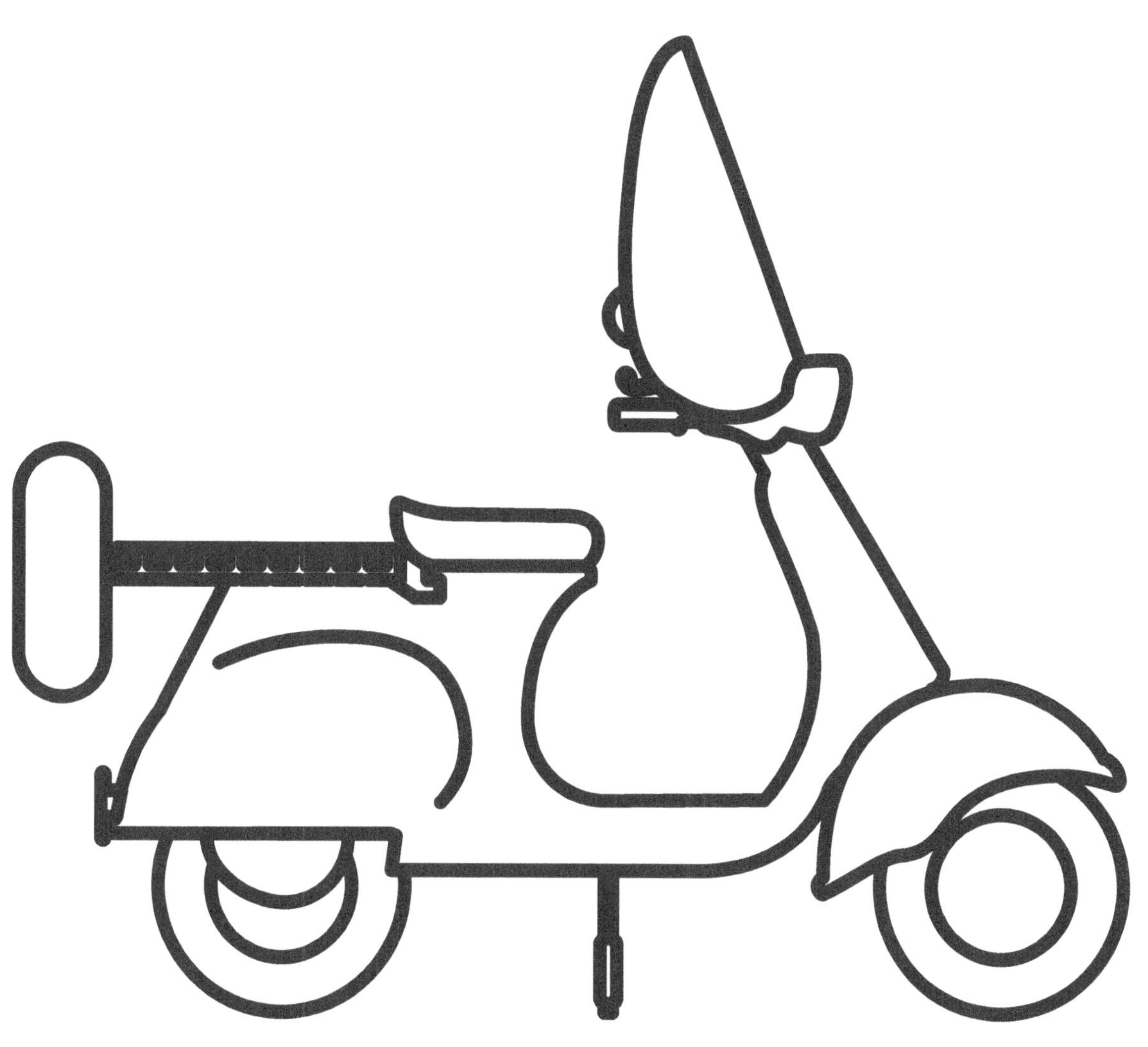

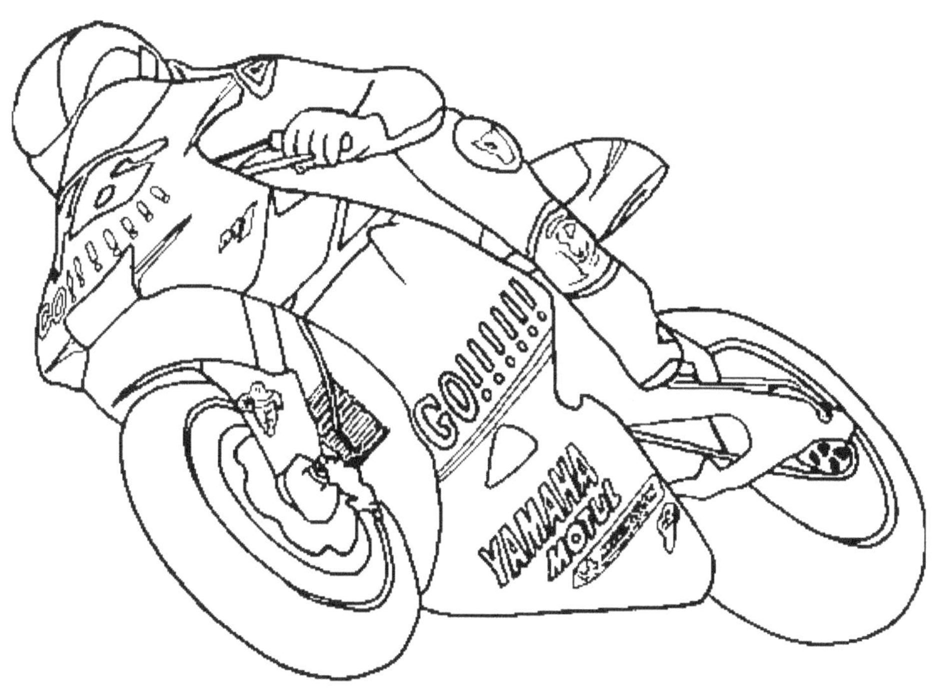

GO!!!!!!
YAMAHA
MOTUL

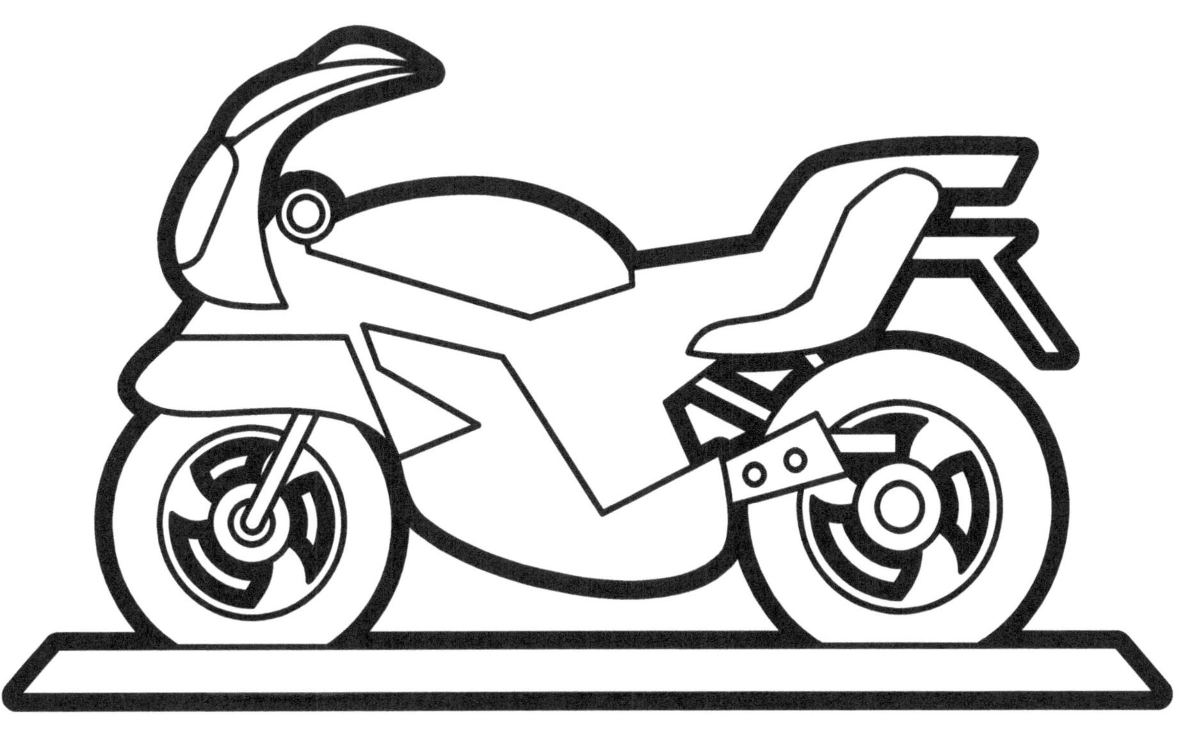

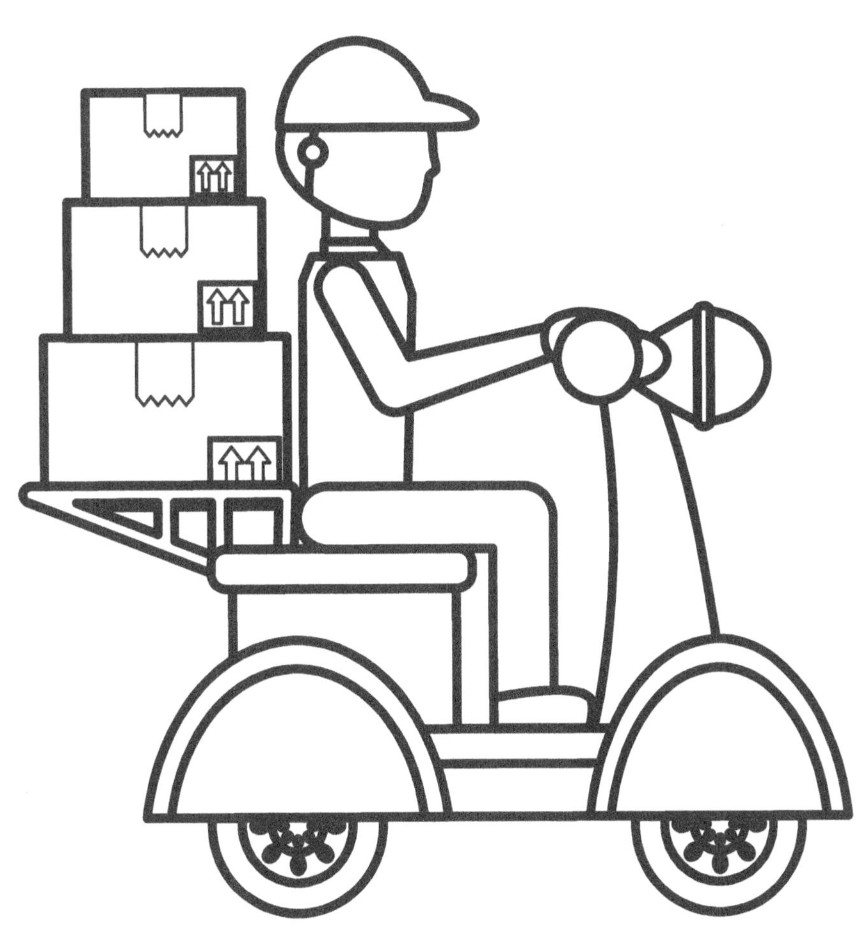

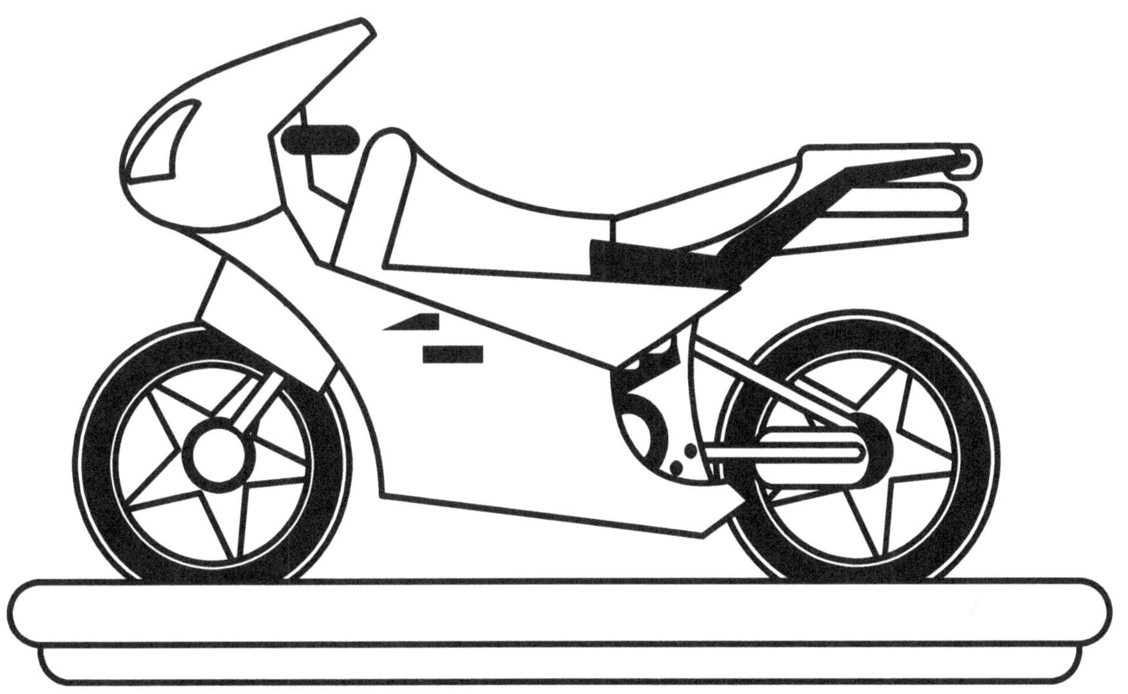

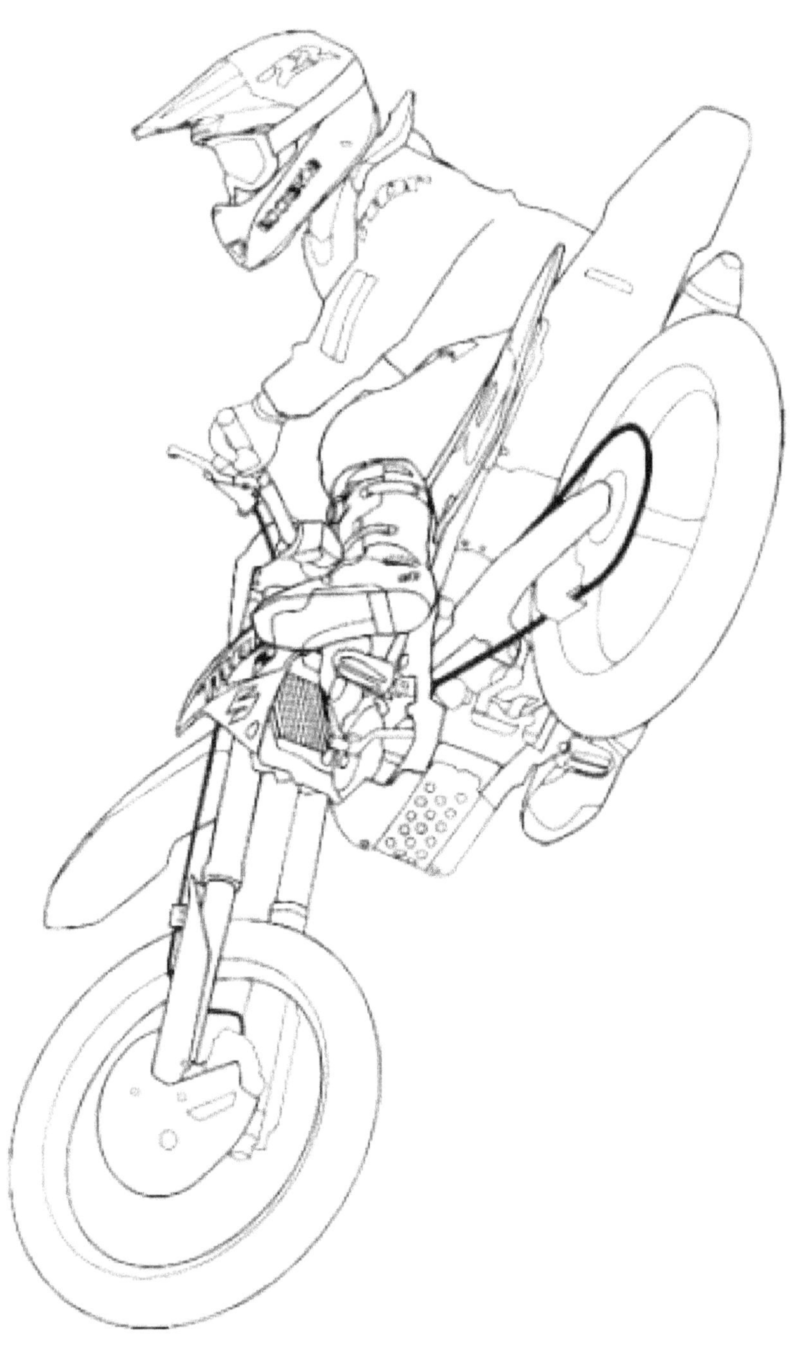

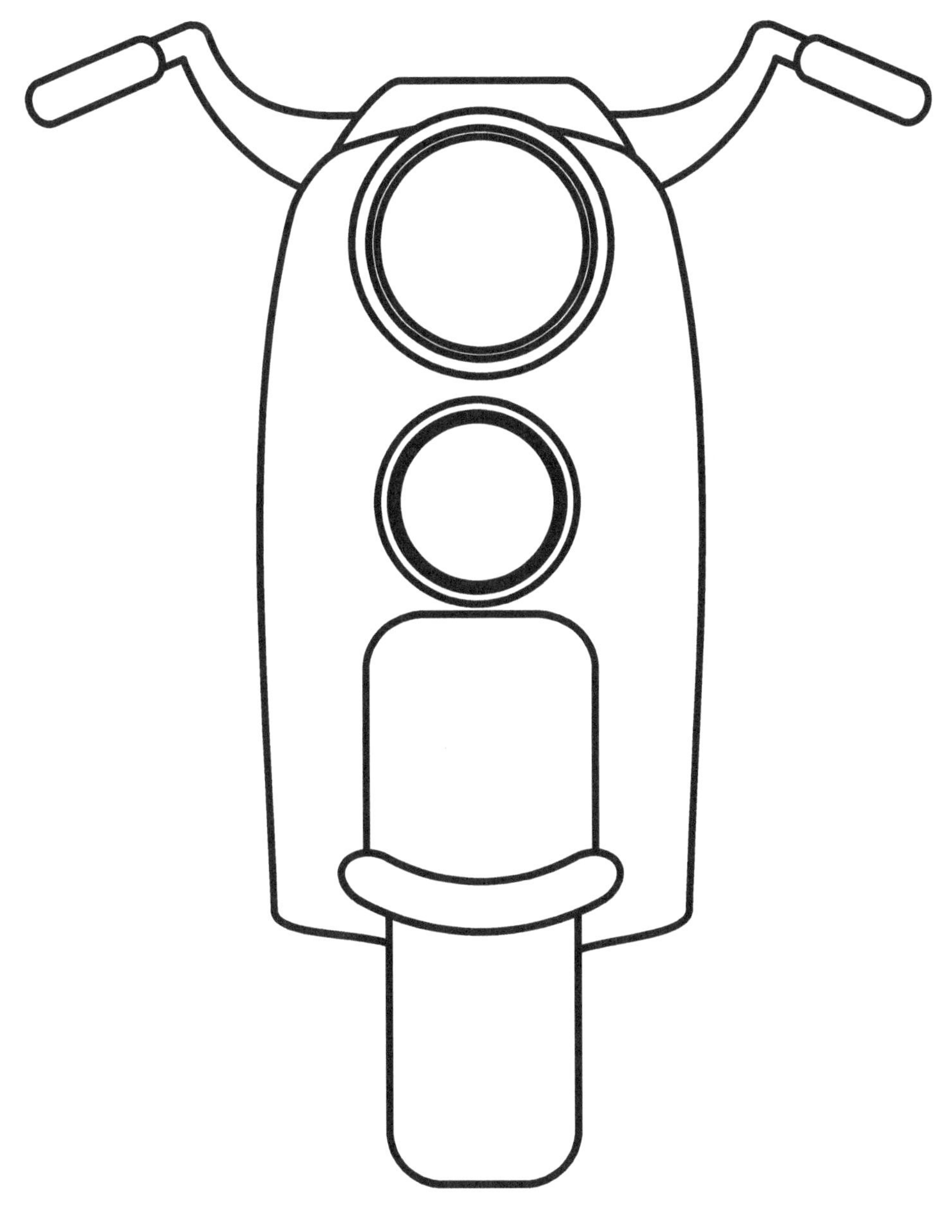

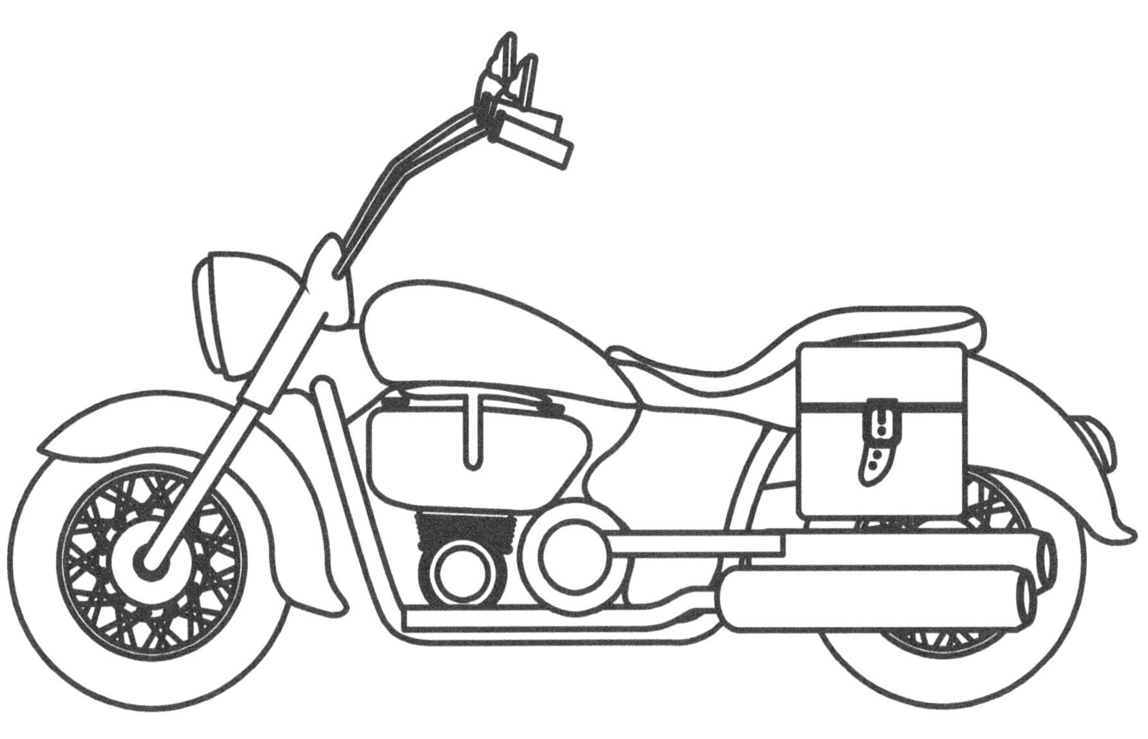

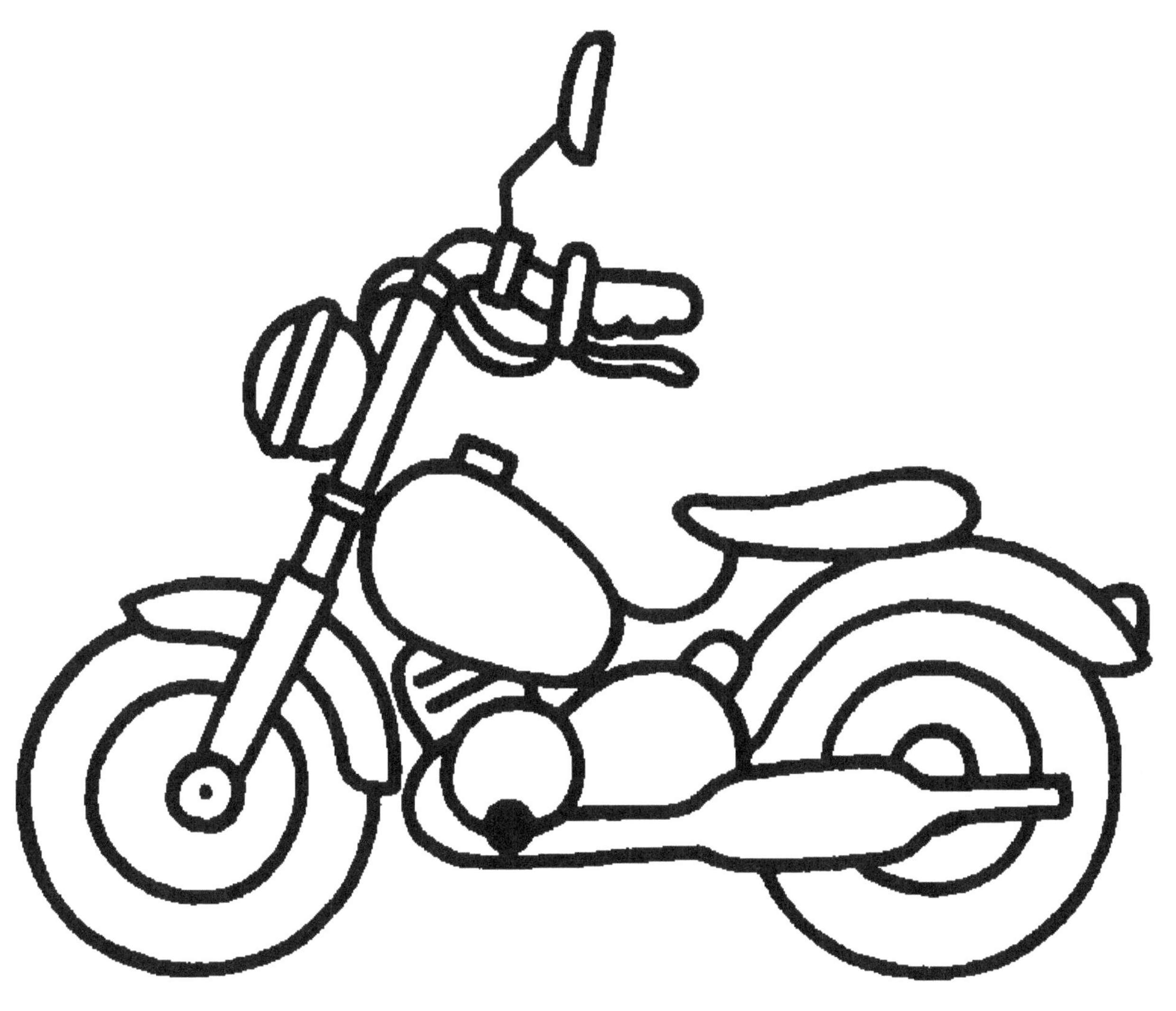

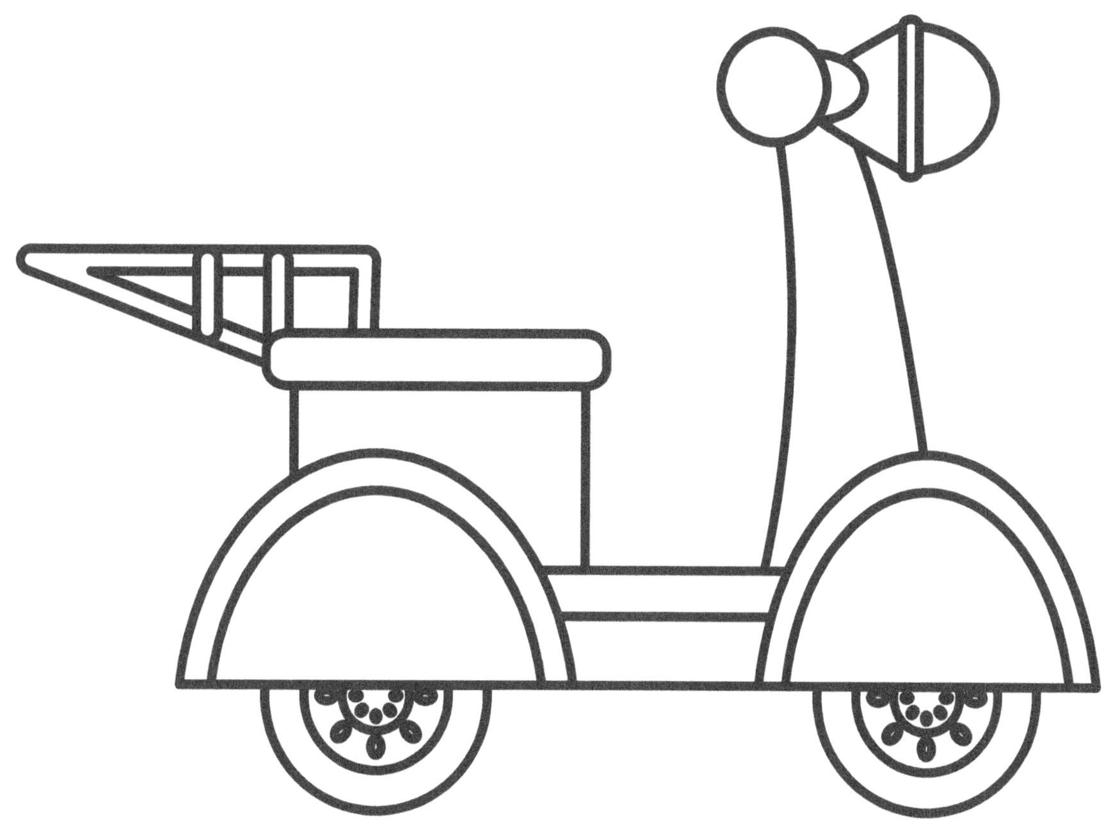

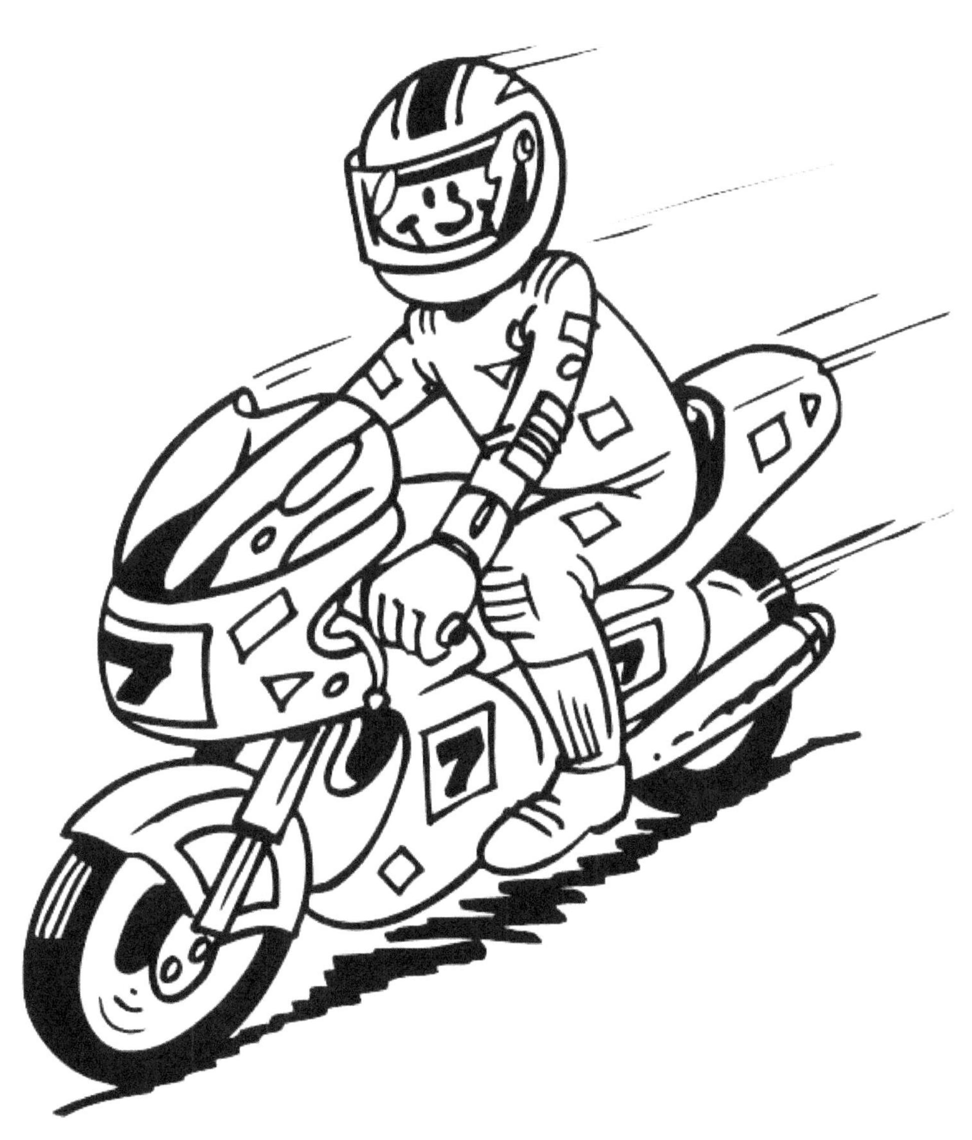

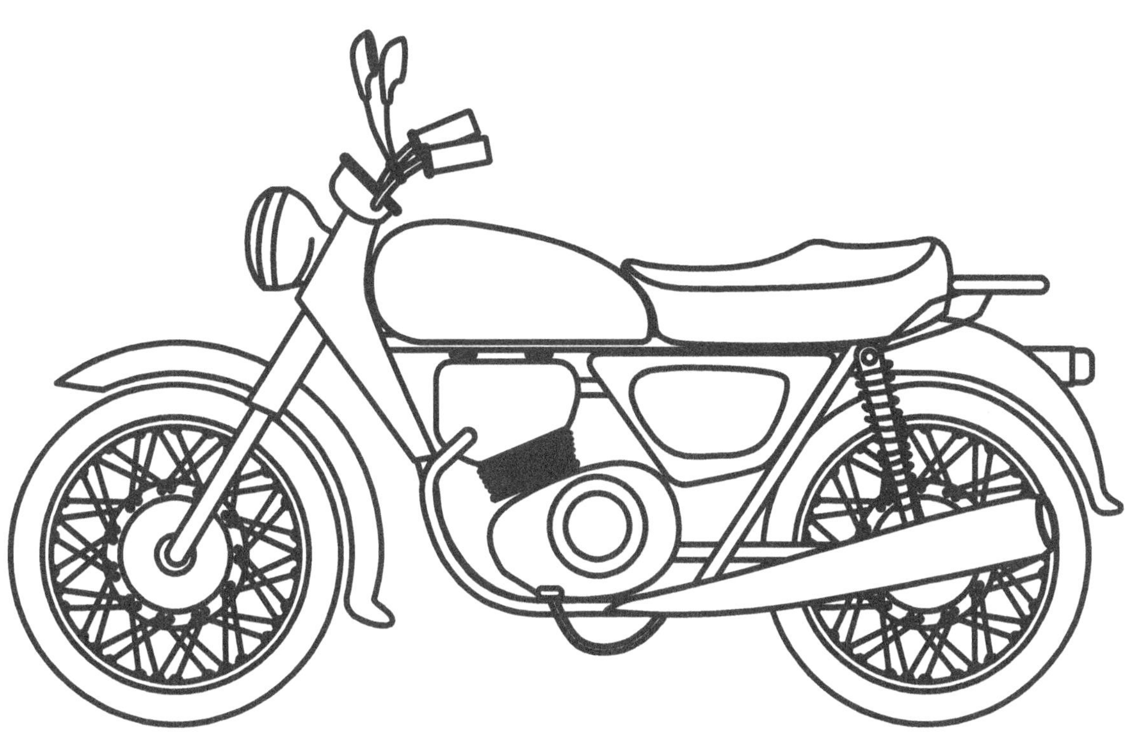

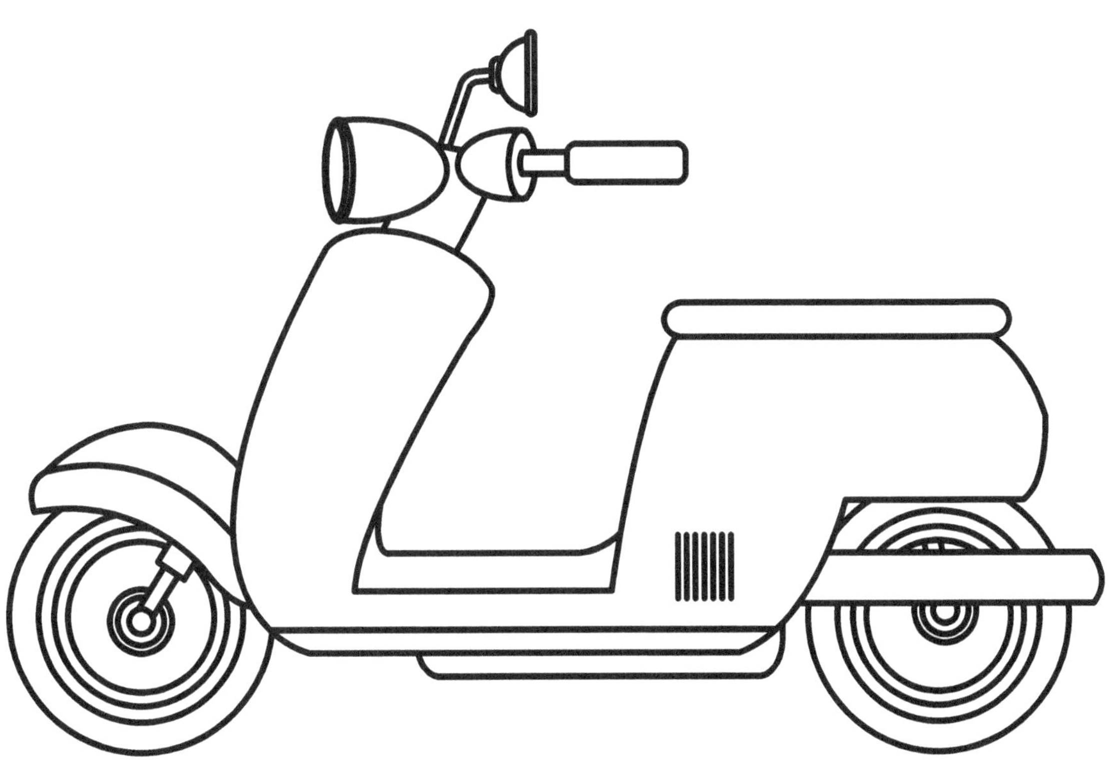

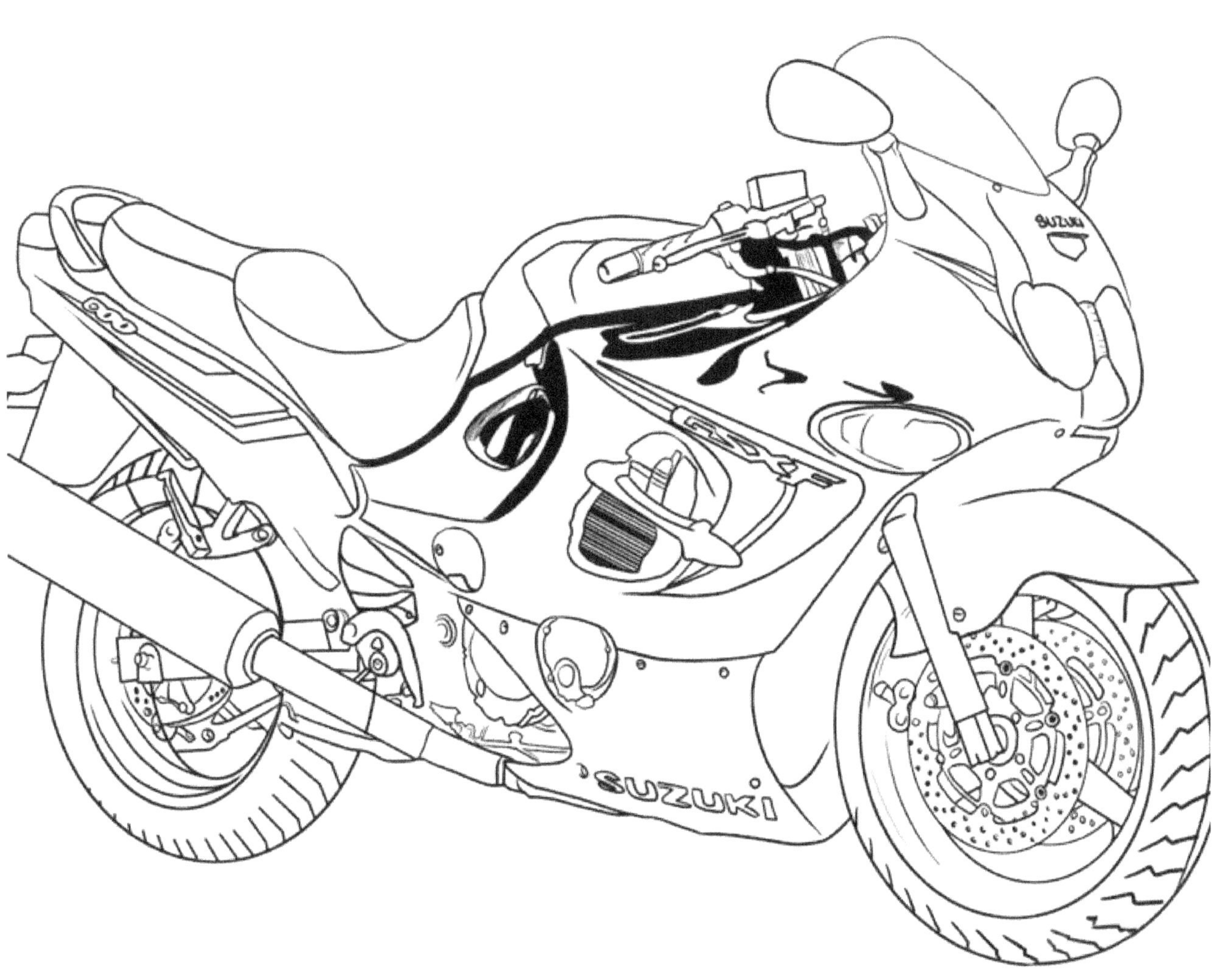

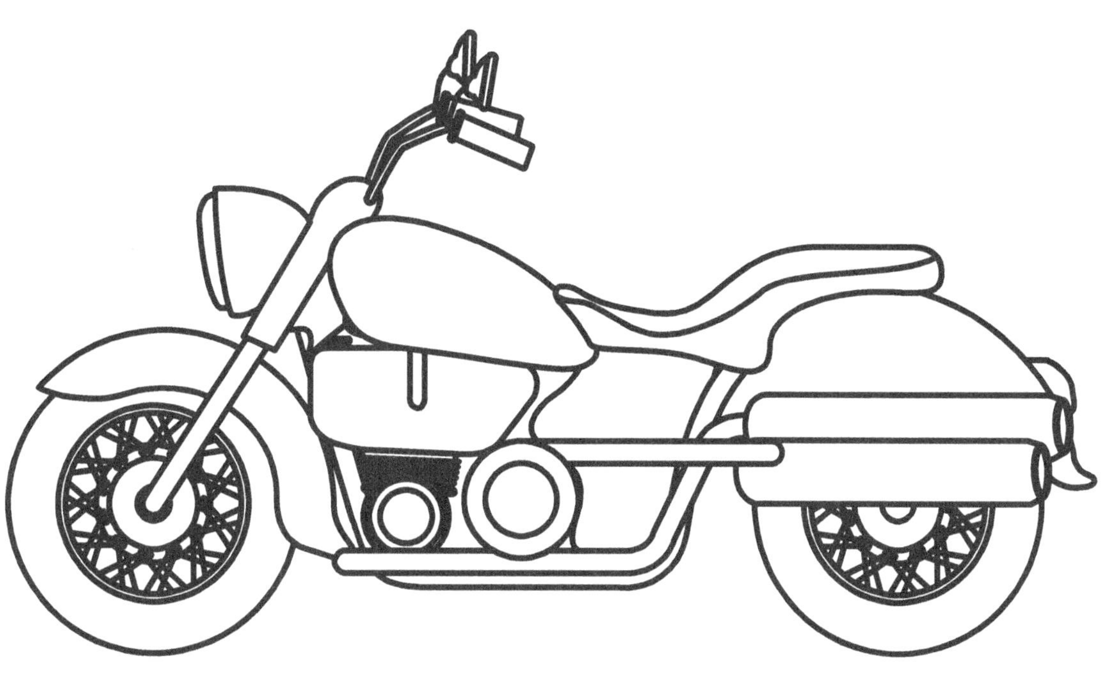

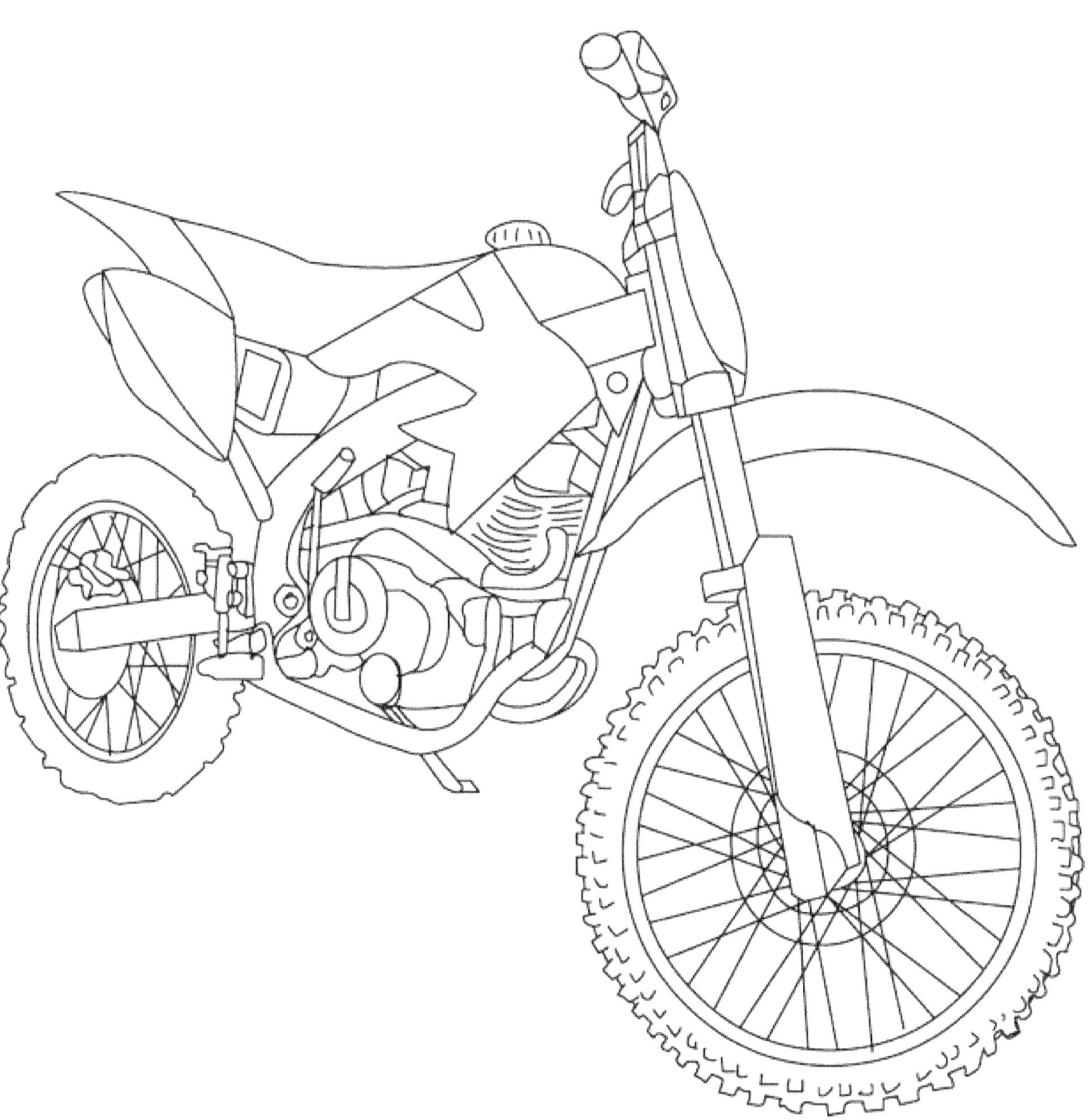

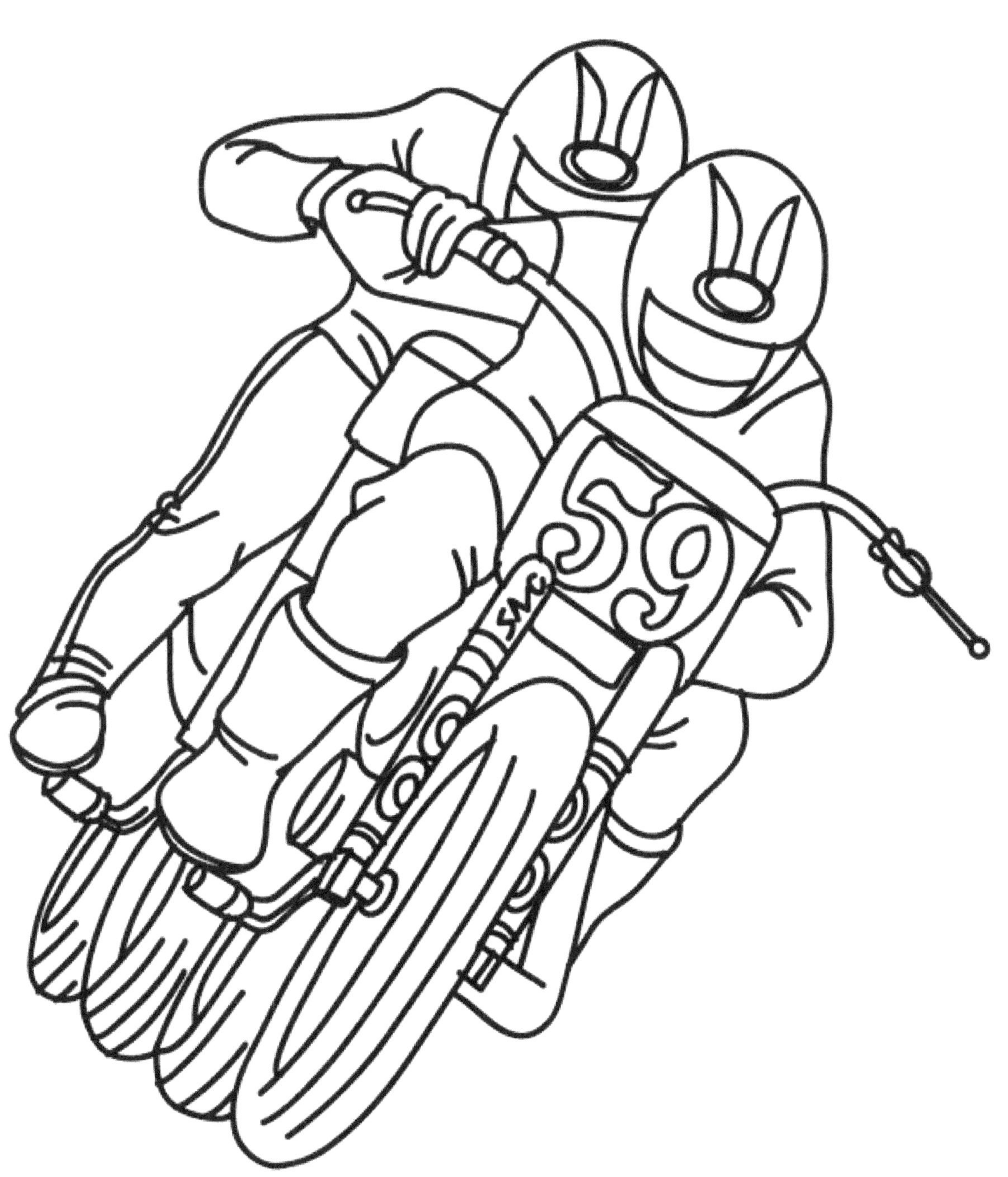

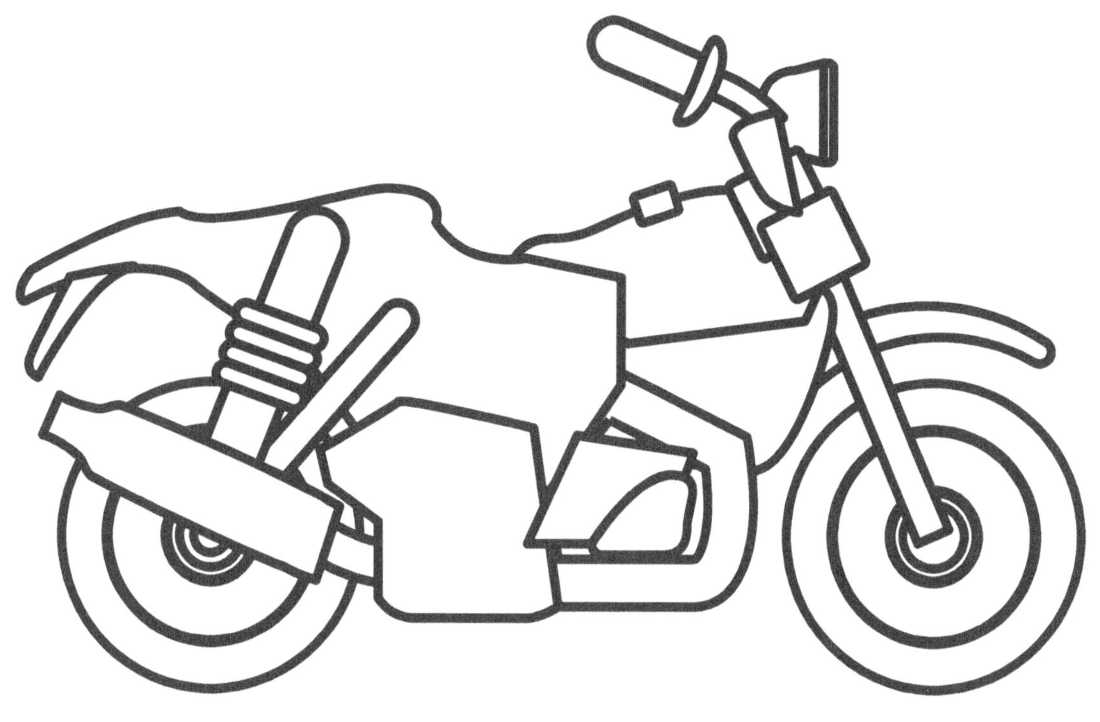

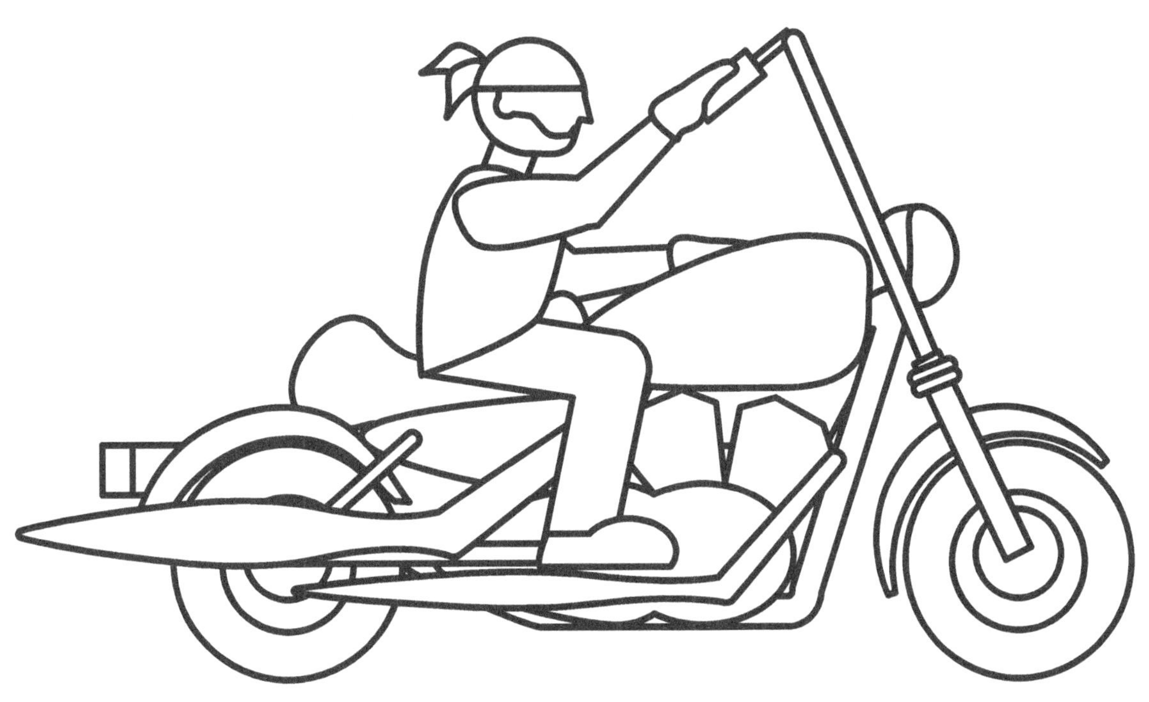

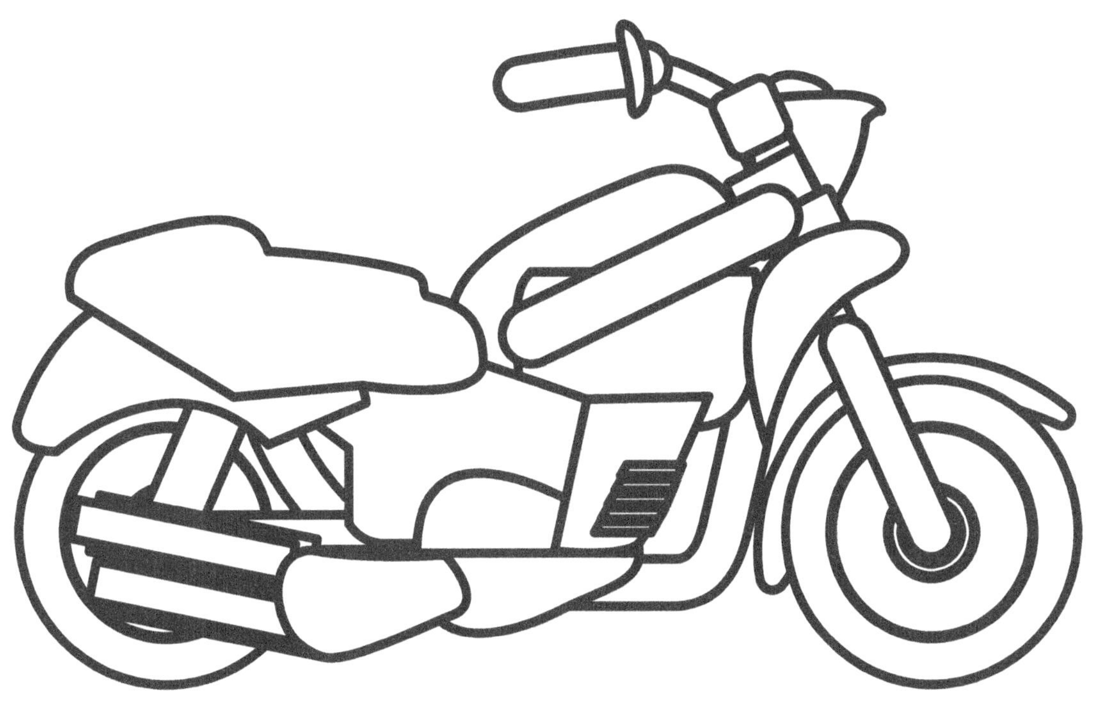

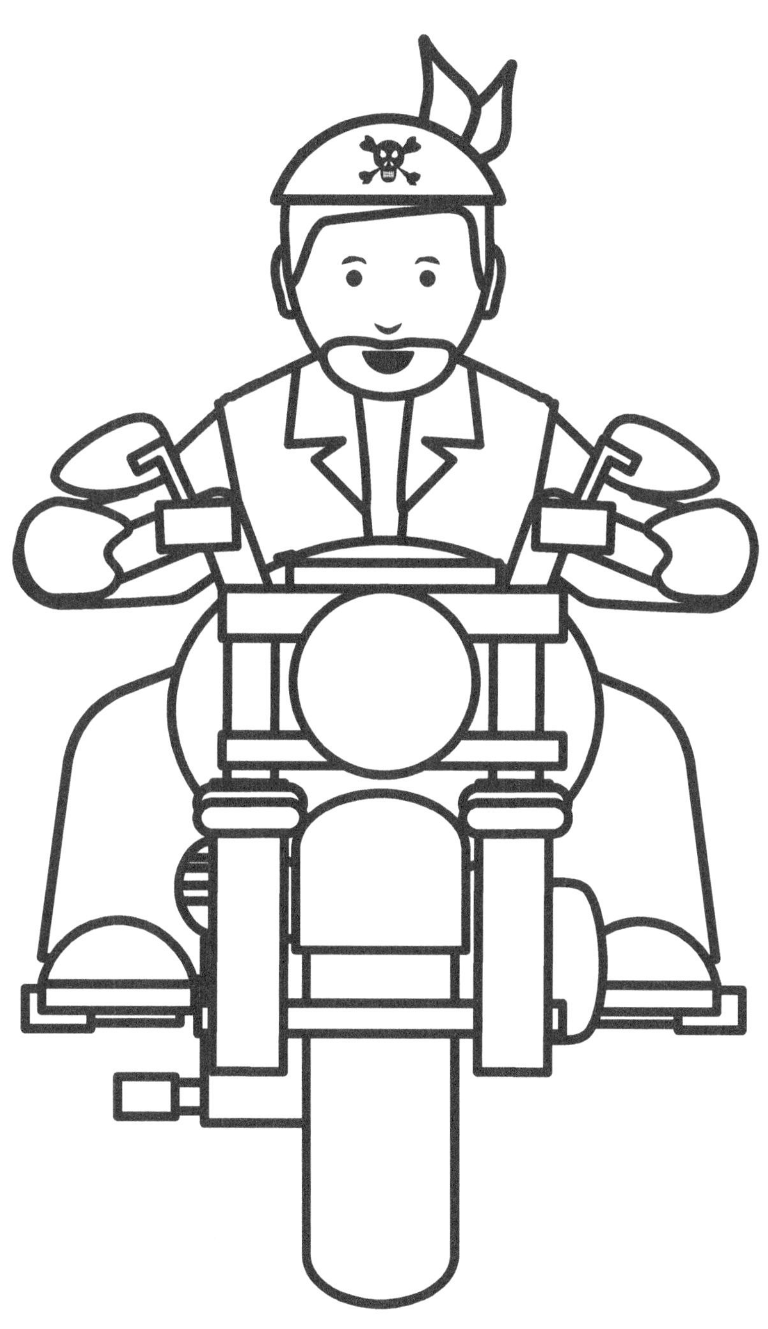

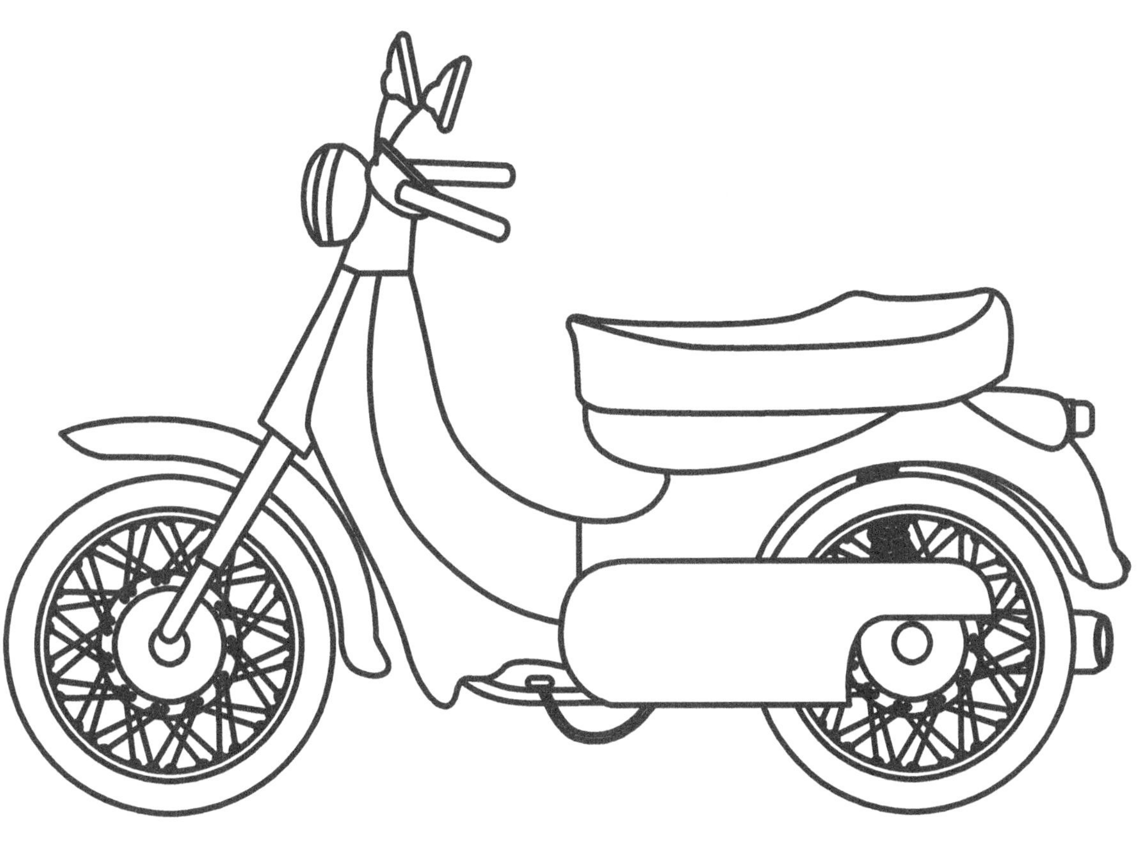